AF591645

ALBERT MAHAUT

L'Œuvre d'Orgue
de
César Franck

SOUVENIRS PERSONNELS DE SON DERNIER ÉLÈVE
L'ŒUVRE VULGARISÉE
LA CRITIQUE MUSICALE APRÈS QUELQUES CONCERTS
ANALYSE DES PIÈCES D'ORGUE

TROISIÈME ÉDITION
PRIX : 2 FRANCS

EN VENTE CHEZ L'AUTEUR
56, Boulevard des Invalides, 56, PARIS

L'ŒUVRE D'ORGUE

de

César FRANCK

ALBERT MAHAUT

L'Œuvre d'Orgue
de
César Franck

SOUVENIRS PERSONNELS DE SON DERNIER ÉLÈVE
L'ŒUVRE VULGARISÉE
LA CRITIQUE MUSICALE APRÈS QUELQUES CONCERTS
ANALYSE DES PIÈCES D'ORGUE

TROISIÈME ÉDITION
PRIX : 2 FRANCS

EN VENTE CHEZ L'AUTEUR
56, Boulevard des Invalides, 56, PARIS

1923

Sceaux, le 20 Janvier 1905.

Mon cher ami,

Vous poursuivez avec éclat depuis 1898 une œuvre admirable, bien digne du Maître qui vous aimait tant et que vous aimez si bien.

En vulgarisant comme vous le faites avec tant de talent la musique d'orgue de mon père, vous mettez en lumière un des côtés les plus saisissants du génie de

César Franck qui l'a, en quelque sorte, recréée.

Laissez-moi, mon cher ami, au moment où vous entreprenez une nouvelle campagne, vous exprimer une fois de plus ma profonde reconnaissance.

A vous de tout cœur,

Georges César FRANCK.

INTRODUCTION

Vous me demandez, mon cher ami, quelques mots d'introduction à votre notice si émue, si impressionnante, dans sa simplicité. Puis-je me dérober quand il s'agit d'apporter mon tribut d'admiration et de reconnaissance à notre glorieux Maître ?

Que dire en si peu de lignes ? Parler de l'œuvre colossale qu'il a laissée n'est pas possible. Mais je suis heureux de vous aider à présenter à vos lecteurs et à vos auditeurs cet homme admirable, dont le caractère fut à la hauteur du génie. Pendant trente ans, j'ai vécu dans son intimité. J'ai tracé de lui, naguère, un portrait (1) qu'on a bien voulu trouver fidèle ; j'en résumerai ici les principaux traits, rappe-

(1) *César Franck*, par Arthur Coquard, au *Monde Musical*, 3, rue du 29 Juillet, Paris.

lant tout d'abord que cet artiste, qui tenait si bien à son siècle par une intelligence ouverte à tout, par un besoin de nouveauté et d'investigation que rien ne pouvait satisfaire, était, par le caractère, un homme d'un autre âge. Il n'a jamais été touché par la fièvre de notre temps. Toujours calme au milieu de la vie la plus active, tranquille et fort, tout entier au devoir, il n'avait nul souci du reste. Il s'était fait avec ses pensées et ses affections une atmosphère idéale que son âme respirait avec bonheur, isolée de tout air étranger. On a dit de lui qu'il « vivait dans son rêve ». Rien n'est plus vrai à condition qu'on se fasse une idée juste de cette vision. César Franck n'avait rien de l'illuminé, qui, tout à ses hallucinations, s'est fait un lit d'égoïste. Jamais homme ne fut plus accessible aux affections, plus touché du bonheur ou du malheur d'autrui, à la fois sensible et dévoué. Bien loin, bien au-dessus de ces indifférents qui regardent avec dédain le reste de l'humanité et qui n'ont pas assez de colères contre les nécessités de la vie, il quittait tout, simplement et sans effort, jusqu'au travail, jusqu'à l'inspiration la plus belle, pour secourir ceux qui souffrent. Il pensait que l'homme vaut plus par le cœur que par l'esprit et par le génie même. Aussi a-t il été bon avant d'être grand. Ignorant de la politique, des agitations stériles du monde, de ces mille riens qui sont l'essence de la vie parisienne, il s'était créé un idéal d'art et de philosophie où son esprit généreux vivait avec délices.

Aux heures trop rares, hélas ! où il était mis en contact avec le public, Franck ne voyait, n'entendait que sa musique, et si l'œuvre exécutée lui apparaissait égale à la vision qu'il en avait eue, il était le plus heureux des hommes. La froideur du public, sans la dédaigner, il ne la soupçonnait pas ; et pour peu qu'une demi-douzaine d'amis vinssent, après l'audition, lui exprimer leur enthousiasme, il allait jusqu'à croire au succès. Tel fut l'homme. Quant à l'œuvre, qui ne l'admire aujourd'hui ?...

Eh bien ! laissez-moi vous dire, mon cher ami, quelle joie c'est pour ceux qui ont aimé César Franck de penser que, de nouveau, vous allez consacrer votre grand talent d'organiste à la propagation de sa musique d'orgue si splendide, si haute, que vous avez pu, sans nulle exagération, la comparer à celle que le grand

Sébastien Bach a léguée à l'admiration des siècles.

Avec joie, nous nous rappelons vos premières séances au Trocadéro où, fidèle héritier de votre Maître, vous avez révélé au grand public son Œuvre d'Orgue. Qui, mieux que vous, pouvait comprendre sa belle nature, être épris de sa bonté, de la grandeur de son caractère !... Ne tenez-vous pas de lui votre dévouement à tout ce qui est noble ?... Même aux heures où vous vous présentez au public, vous travaillez pour une cause cachée et, à l'exemple de César Franck, vous poursuivez le bien, sachant que le meilleur ici-bas, c'est le don de soi à ceux qui souffrent. Nul n'est donc plus digne, et par le talent et par le cœur, de soutenir la cause de notre illustre Maître.

Reprenez courageusement votre tâche ; allez, comme un apôtre, faire entendre cette bonne parole, cette voix d'en-haut, qui prêche à tous la Beauté, la Grandeur et l'Amour.

Arthur COQUARD.

NOTE

Pour la Troisième Édition

Les pages qui vont suivre ont été écrites quelques semaines après l'inauguration du monument César FRANCK, au square de Sainte-Clotilde. Editées en mars 1905, rééditées dès la fin de la même année, elle m'aidèrent puissamment à faire connaître et à aimer l'Œuvre d'Orgue du Maître. A chacun de mes Récitals Franck (depuis lors, j'en ai donné plus de cent : Paris, toutes les grandes villes de France et d'Algérie, Suisse, Belgique, Allemagne, Angleterre), elles me devancent, préparent l'opinion, éclairent les auditeurs. Je ne puis assez dire combien, grâce à elles, j'ai conquis d'admirateurs au grand compositeur liégeois. Epuisées une fois encore, je les publie à nouveau sans y rien changer, ni rien ajouter; j'y ai mis le meilleur de moi-même et ne puis que m'efforcer de me retrouver tel que j'étais à l'heure de leur apparition.

Je crois me sentir encore assez de jeunesse et d'enthousiasme pour poursuivre mon effort. Ceux qui me connaissent savent que cette campagne artistique ne représente pour moi qu'une faible partie d'un labeur consacré à une tout autre besogne. Dans l'ensemble de mes travaux, plutôt dure, ma propagande Franckiste, m'apparaît comme l'ornement de ma vie, je ne l'en affectionne que davantage et lui sais un gré infini pour les joies sans nombre qu'elle m'a procurées.

Albert MAHAUT

Mars 1923

SOUVENIRS PERSONNELS

J'étais encore presque un enfant. A l'Institution Nationale des Jeunes Aveugles de Paris, des maîtres de valeur, épris de leur art, nous enseignaient la musique.

Chaque année, nous avions la visite de César Franck ; il venait présider nos concours, s'intéressait à tous et remarquait certains d'entre nous. C'est ainsi que je le connus d'abord. De sa voix grave, il proclamait les récompenses. La voix de Franck ! Que de bonté s'en dégageait ! Comme elle nous remuait, nous, aveugles, si sensibles aux nuances de la voix... Il nous donnait des conseils et nous l'écoutions avec ravissement. Il parlait peu, en phrases brèves, mais tout de suite nous avions deviné la profondeur de son âme, sa grandeur, son énergie, en même temps que sa douceur pénétrante. Quelquefois, il montait à l'orgue et il improvisait. C'étaient là des jours de fête dont nous parlions longtemps entre nous.

Franck aimait notre École. Il écrivit pour nous et nous dédia une de ses œuvres pour chœur, orgue et orchestre : le *Psaume 150* « Louez le Dieu caché » (1883). C'est dans notre chapelle qu'il dirigea lui-même une des toutes premières exécutions de sa *Messe en la*, aujourd'hui si célèbre. Nos chœurs se surpassèrent en sa présence et sous son action entraînante. Déjà nous devions le meilleur de nos aspirations à César Franck.

Lorsqu'il remarqua mon concours d'orgue, il me sembla que de beaux horizons s'ouvraient devant moi. Eus-je alors l'intuition qu'un jour je prendrais rang parmi les interprètes de son œuvre ? Je n'ose l'affirmer, mais, très certainement, je rapporte au souvenir de ce temps le premier grand élan qui éveilla ma conscience d'artiste.

Je venais d'avoir 17 ans quand je quittai l'École et partis pour l'Angleterre, où je passai deux années. J'avais toujours le désir de me rapprocher de Franck. Revenu à Paris j'allai à Sainte-Clotilde pour écouter le Maître. Je le retrouvai souverainement beau ! Il me reconnut et voulut que je fusse son élève. Il me perfectionna dans l'écriture du contrepoint et de la fugue et lorsqu'il me jugea prêt, en octobre 1888, j'entrai à sa classe d'Orgue du Conservatoire.

Année inoubliable, où, trois fois par

semaine, je me sentais grandir au contact de l'homme supérieur. Il commençait sa classe à huit heures, venu généralement à pied, toujours le plus exact, qu'il eût veillé tard la nuit précédente (et il veillait toujours), qu'il rentrât de voyage le matin même.

Combien ces classes nous semblaient courtes! L'heure passait, mais nul ne songeait à l'heure, quand des bruits grossissants de l'autre côté de la porte nous menaçaient d'un prochain envahissement. Tout d'abord, il ne voulait pas entendre : « Maître, c'est la conférence de M. Bourgault-Ducoudray, ce sont les élèves de la classe de Déclamation qui réclament la salle », se risquait-on à dire. Avec une exclamation plaintive, il s'arrachait à la tâche inachevée, puis, cédant au droit d'autrui : « Oui, oui, il faut partir », disait-il lentement. Déjà son ardeur jointe à tant de sérénité nous subjuguait et laissait en nous une empreinte ineffaçable. Je ne pressentais qu'à demi sa gloire future, je n'avais qu'une vague conscience de l'étendue de son génie, mais, de toute sa personne, montait un perpétuel *Sursum Corda*, comme une flamme rayonnante dont je ressentais l'éclat.

L'année passait, pleine de labeur et pleine d'espérance. Le Maître était remarquablement bon pour tous ses élèves. Il m'encourageait, il aimait à me produire, et quand il recevait un visiteur de marque il m'appelait toujours. — « Venez demain, m'écrivait-il, et apportez vos *outils* » ; il désignait ainsi mon appareil à écrire le Braille. J'allais, muni de mes *outils* ; il me dictait lui-même une pièce de plain-chant que j'accompagnais en contrepoint fleuri. Privé de ma main gauche occupée à lire le texte en Braille, j'y suppléais par une double partie de pédales et je me tirais de cette épreuve en exécutant la basse au pied gauche, le ténor au pied droit, les deux parties supérieures à la main droite. Ce procédé pratique excitait toujours un très vif intérêt. Puis j'improvisais une fugue ou bien je jouais une des grandes pièces du Maître.

Quand nous improvisions, Franck se donnait complètement ; son âme si pleine se répandait dans la nôtre. « J'aime », disait-il simplement aux bons passages ; « j'aime » ; souvent il ne disait que cela, mais il y mettait des accents si divers que ce mot lui suffisait pour nous faire comprendre sa pensée et pour vivifier la nôtre, pour élever nos conceptions et nous forcer à sortir de nos pauvres limites.

Avait-il parfois à réprimer quelque désordre provenant d'un groupe oublieux du silence, brusquement il se retournait et de la note la plus aiguë de sa voix, note grave encore, éclatait ce mot bref : « Sages » !... Instantanément, l'ordre était rétabli et il revenait au thème ou à la fugue. Les concours arrivèrent et j'eus le premier prix, à la joie du Maître.

En octobre 1890, pour la dernière fois, Franck reprenait ses classes au Conservatoire, mais il ne devait y faire que quelques apparitions. Les vacances ne l'avaient pas remis d'un fatal accident (un accident de voiture). C'est chez lui, au boulevard Saint-Michel, que je l'approchai pour la dernière fois ; il m'accueillit avec son inaltérable bonté. Même à cette heure finale, il s'oubliait encore. « Ça ne va pas », disait-il, et de nouveau, plus bas mais sans trouble : « Ça ne va pas » ; et il ne parla plus de lui. Avec beaucoup d'affection, il s'intéressa à ma carrière ; je venais alors d'être chargé de la classe d'Harmonie à l'École Nationale des Jeunes Aveugles ; je le lui annonçai. « Ah ! me dit-il, avec un accent que je n'oublierai jamais, comme donnant sa bénédiction à ma nouvelle tâche, vous ferez très bien cela ». Puis il me prodigua ses recommandations, précisant et éclairant de ses vues hautes et larges les points fondamentaux de l'harmonie, cette science dont il avait pénétré tous les mystères.

Plein d'émotion, je le quittai. Il était déjà presque à la veille de sa mort, et, par une triste journée de novembre, nous l'accompagnâmes à Sainte-Clotilde, puis au cimetière de Montrouge. Les fidèles qui formaient le cortège sentaient l'immense perte. Toutefois, chacun gardait confiance : nous entourions une tombe, il est vrai, mais cette tombe devait être glorieuse, nous en avions l'intuition. Nous reprîmes courage pour travailler, chacun dans notre sphère, au triomphe de celui qui, méconnu durant sa vie, devait être bientôt l'objet d'acclamations enthousiastes.

Je n'entends pas retracer ici l'histoire du grand mouvement franckiste, prévu mais retardé pendant la vie de Franck, et sans cesse croissant jusqu'à l'éclatante manifestation du square Sainte-Clotilde, jusqu'à l'inauguration du monument du Maître, hommage solennel rendu à son génie, le 22 octobre 1904. De belles pages ont été écrites sur Franck et sur ses œuvres (1). On a lu, au moment de nos fêtes à Sainte-Clotilde, les discours de ses élèves et de ses amis : Vincent d'Indy, Edouard Colonne, Théodore Dubois, Henri Marcel et d'autres encore. On a eu sous les yeux les témoignages enthousiastes dont la presse était pleine.

Quinze années de gloire ascendante avaient préparé cette manifestation. En 1892, l'orchestre de Colonne avait donné l'impulsion décisive. Les deux journées des *Béatitudes*, dimanche de la Passion et dimanche des Rameaux de cette année-là, furent vraiment des jours d'apothéose. Lorsque vous entendîtes le *Chœur des Martyrs* « O Justice éternelle », ou le *Chant*

(1) Voir les études de Ernst, Alfred Bruneau, Fourcaud, Romain Roland, Hugues Imbert, sans nommer celle d'Arthur Coquart, qui souhaite si gracieusement la bienvenue à cette brochure.

du Christ « Venez les bénis de mon Père », sur le thème idéal qui fait la trame de l'œuvre et qui s'épanouit alors dans toute la puissance de sa beauté, n'eûtes-vous pas la claire vision de l'éternelle béatitude annoncée sur la montagne sainte? Puis, toujours grâce à Colonne, ce fut *Rédemption*, *Rébecca*, le *Chasseur maudit*, les *Variations symphoniques*, les *Djinns*, et la colossale *Symphonie en ré mineur*. Des interprètes illustres, Ysaye, Pugno, Parent et sa phalange, et tant d'autres célébrités rivalisèrent de ferveur dans la vulgarisation de la musique de chambre : le *Quatuor*, le *Quintette*, la *Sonate* pour violon, les grands *Poèmes* pour piano, les *Mélodies*. Les deux opéras *Hulda* et *Ghiselle* furent joués à Monte-Carlo. Pas une maîtrise vraiment exercée qui n'ait, en France, eu à cœur de donner la *Messe en la* et les *cinq Offertoires*. Le Maître, dans son Œuvre, fut d'une variété prodigieuse; il a traité tous les genres et dans tous il a créé.

L'ŒUVRE D'ORGUE

SA VULGARISATION

Dans le magnifique patrimoine que nous a légué César Franck, il est un riche domaine, plein de sommets lumineux, ouvert au moins grand nombre ; j'y veux pénétrer avec d'autant plus de confiance que lui-même m'en a révélé les secrets. C'est l'Œuvre d'Orgue (1). Que de lumière elle jeta dans mon ciel,

(1) On trouvera à la dernière partie de cette brochure l'analyse détaillée des 12 pièces qui composent l'Œuvre d'Orgue de César Franck.

cette Œuvre d'Orgue, monument gigantesque qui dépasse de si haut tout ce qui fut écrit depuis Bach !

Un jour d'avril 1898, pour la première fois j'interprétais l'Œuvre du Maître dans la salle des Fêtes du Trocadéro (1). Sur des milliers de fronts recueillis, j'en avais le sentiment profond, la grande pensée de Franck rayonnait, et tous ces rayonnements m'enveloppaient, pénétraient l'intime de mon être tout vibrant d'émotion. Près de deux heures, je demeurai au point exact entre la sphère de l'extase et la sphère des objets sensibles. Une partie de mon âme avait franchi le point, était baignée d'infini ; l'autre, calme, maîtresse de soi, laissait à mes sens toute leur lucidité. Je n'avais gardé pour la terre que juste ce qu'il fallait

(1) Cette audition du 28 Avril 1898, à Paris, a été la première exclusivement consacrée à l'Œuvre d'Orgue de César Franck.

pour communiquer à l'orgue, à l'aide de moyens matériels compliqués et multiples, la vie exceptionnellement intense qui m'animait à ce moment unique.

O Maître ! quand vous étiez parmi nous, votre modestie arrêtait sur nos lèvres les élans de notre reconnaissance ! Maintenant laissez-nous vous bénir, laissez-nous vous dire, nous, vos fils, toute la gratitude de nos cœurs, pour les splendeurs sereines que vous fîtes descendre des Cieux jusqu'à nous. Sur notre monde de misères vous avez ouvert un monde d'idéal, où la certitude apparait lumineuse, où, transportés par la puissance de votre génie, nous touchons aux pures demeures de l'éternelle beauté... Dans cette vie de luttes et d'épreuves, ai-je été près de défaillir ? Maître, je me suis rappelé votre exemple. Me mettant à l'orgue, j'ai écouté une de vos pages radieuses de la *Pièce héroïque*, de la *Prière en ut dièse*, de la

Fantaisie en ut ou d'un de vos *Chorals*, et les ombres se sont dissipées, et mon être s'est retrouvé en harmonie avec lui-même et avec l'ordre de Dieu.

Rien n'affaiblira pour moi le souvenir de ce premier concert où j'eus un instant de bonheur complet.

Dès lors, au fur et à mesure des circonstances et des possibilités, je résolus de consacrer le meilleur de mon art à l'active propagation de cette incomparable Œuvre d'Orgue. Dans mes concerts en province, Franck eut toujours la place d'honneur. En mai 1899, je donnai au Trocadéro un deuxième concert composé exclusivement de ses œuvres.

Depuis l'année d'avant, j'avais eu d'ailleurs plus d'une fois la satisfaction de voir mon exemple suivi en France et à l'Etranger. Dès l'été de 1898, des organistes belges, encouragés par mon succès, donnèrent des *Recitals* Franck. Enfin, en 1899, quinze jours avant moi, Alexandre Guilmant lui-même donna au Trocadéro un concert d'Orgue consacré aussi à l'Œuvre du Maître. Ainsi, deux fois en moins d'un mois, la vaste salle du Trocadéro fut pleine d'auditeurs venus pour se retremper à cette source géniale. Mêmes acclamations, même enthousiasme. La presse fut conquise comme l'année précédente.

Plusieurs critiques signalèrent la tendance des organistes à interpréter l'Œuvre que j'avais fait connaître, et l'un de ces critiques, M. Adolphe Jullien, rendant compte dans le *Moniteur Universel*, écrivait : « C'est un *Steeple-Chase* à présent entre quelques organistes, à qui d'entre eux manifestera le plus d'enthousiasme envers un des Maitres incontestés de l'Orgue et servira le mieux la gloire tardive de César Frank. Mais l'initiative, à n'en pas douter, appartient à M. Albert Mahaut, organiste à Saint-Vincent de Paul, qui, dès l'année passée, a donné un grand festival en l'honneur de celui dont il avait été l'élève et dont il se faisait ainsi l'apôtre ». Puis, à la fin d'un article développé sur les deux concerts de mai, il ajoute : « Mais, n'est-il pas touchant, dites-moi, de voir deux organistes du mérite de MM. Alexandre Guilmant et Albert Mahaut obéir à la même pensée et se faire ainsi concurrence au profit d'un Maître dans l'art qu'ils cultivent ? »

Cette ferveur des organistes, chez les jeunes surtout, s'accrut de jour en jour et se traduisit en heureux efforts. Il n'est pas de saison d'hiver, à Paris, où les habitués de la *Schola Cantorum* ne soient conviés à un nouveau *Recital* Franck. Ne dois-je pas applaudir le premier à ces manifestations ?

Ouvrier de la première heure, je restai fidèle à la tâche entreprise. Un instant trahi par mes forces et obligé de quitter l'orgue de Saint-Vincent de Paul, je me remis bientôt à l'œuvre. En 1900, je fus désigné pour un des Concerts officiels d'Orgue à l'Exposition Universelle.

Puis, sous l'égide de Franck, la province m'accueillit. Que de démonstrations dans ces nouveaux auditoires : à la salle des concerts classiques de Marseille, dans les cathédrales de Montpellier, de Béziers, et tant d'autres (1). Rien de touchant comme certaines lettres reçues d'auditeurs les plus humbles, presque ignorants de la musique, qui avaient senti le frisson du Beau, dans l'une ou l'autre des basiliques où l'on m'avait reçu.

Qui garde encore des préjugés sur le soi-disant faux goût de la province pourra lire l'article du *Messager de Valence* inséré dans l'appendice de cette brochure. Il atteste la compréhension la plus délicate et la plus sûre d'une œuvre forte comme celle de César Franck. Partout la vraie beauté se révéla, partout le génie s'imposa.

---

(1) Voir la note pour la troisième édition, p. 13.

Et maintenant, je songe à l'avenir !... A l'audition d'Orgue de Sainte-Clotilde qui suivit l'inauguration du monument, lorsqu'en présence du « Tout Paris » musical assemblé pour honorer César Franck j'interprétais le premier des trois *Chorals*, je me recueillis en une suprême communion avec celui dont l'âme s'était épanchée sur ce même instrument. Dans la joie de sa présence renouvelée, tous mes désirs se ravivèrent sous l'impulsion directe de la voix bien connue qui répétait encore : « Je suis content ».

Maître, vous me voyez debout, prêt à marcher là où votre gloire me conduira. Les douze grandes pièces de votre Œuvre d'Orgue, je les ai pénétrées, avec toute la force de mon affection ; elles sont dans mon cœur aussi bien que sous mes doigts et toute mon âme tressaille à l'espoir de vibrer encore avec les foules empressées autour de vous.

Maître, j'ai confiance, je suis prêt !

APPENDICE

EXTRAIT D'UN ARTICLE D'ALFRED BRUNEAU paru dans le *Figaro* du 29 avril 1898

Puisque je parle de la gloire, je m'empresse d'annoncer que, en cette même journée d'hier, dans l'après-midi, elle a eu la jolie occasion de sourire pour la première fois à un artiste dont je me reprocherais de passer sous silence la noble initiative. M. Albert MAHAUT, un aveugle organiste de Saint-Vincent de Paul et élève de César Franck, a eu l'idée de faire connaître au public, en la salle du Trocadéro, la musique d'orgue de son Maître, ce à quoi personne n'avait encore songé. Les voyants ont tant de choses à contempler, à aimer ! Cet homme a éclairé son éternelle nuit de l'éblouissante lumière des sons. Dans les poèmes que nous venons d'entendre — ce sont en effet de longs et fastueux poèmes, d'une étonnante liberté de formes, d'une inépuisable richesse mélodique et harmonique, d'une vie intense, et non des pièces simplement religieuses — il a trouvé toute l'humanité qui chantait, toute la consolation qui fleurissait, toute la joie qui flamboyait par ces musiques renouvelant pour lui les divins miracles.

Il a mis — on le sentait — une reconnaissance attendrie, un naïf bonheur dans la manière à la fois vaillante, heureuse et fière dont il nous a révélé les superbes œuvres : la *Prière en ut dièse mineur*, d'abord, lente et grave imploration, d'éloquence ininterrompue, même en ses repos assez nombreux qui sont comme des prosternements de repentir, des méditations douloureuses, et surtout en la montée vers l'espoir de son thème attristé, et en sa fin où il nous semble entendre, planant sur l'agitation des foules, la voix d'un solitaire qui accepte, qui se résigne et qui croit ; puis la *Grande Pièce Symphonique en fa dièse*, la plus importante, la plus imposante, la plus magnifique des quatre, sorte de vaste monument chantant d'architecture cyclopéenne, avec des frises, cependant, d'une merveilleuse délicatesse, cathédrale gigantesque de la force, de la sérénité, du mouvement et du triomphe ; les *Prélude, Fugue* et *Variation,* pastorale d'exquise primitivité, de charme pénétrant, de douceur délicieuse, d'émotion profonde, écrite sous la dictée de la nature elle-même, de la bonne nature bienveillante et paisible, composée en l'honneur des arbres, des champs et des bêtes, et la *Fantaisie en ut*, dont l'austère quiétude nous enveloppe, nous prend, nous rassure, nous rend meilleurs.

Hier c'était la fête de l'Orgue et, fermant les yeux, allant dans le passé, je me suis donné, par l'imagination, la joie d'écouter Franck, de le regarder assis à son orgue de Sainte-Clotilde, qu'il transformait chaque dimanche en un divin et prodigieux orchestre. A présent, il est encore là, devant moi, la figure sérieuse, le regard interrogeant l'inspiration, le pli sévère de la lèvre accentué par la gravité de l'acte d'art qui s'accomplit, la tête auréolée de lumière, la main droite tirant « un jeu » de ce geste inoubliable qui semblait lancer dans l'espace la promesse de tous les pardons, de toutes les splendeurs... Et puis, il descend les marches de l'orgue et dit son mot habituel : « Je suis très content ».

ALFRED BRUNEAU.

EXTRAIT DU *Gaulois* du 2 mai 1898

Ce fut, avant-hier, une belle journée de musique. Cinq mille personnes, réunies dans la salle de concert du Trocadéro, ont religieusement écouté et acclamé d'un sincère enthousiasme une série d'œuvres de César Franck, écrites pour l'orgue ou pour les voix. On a senti deux heures durant de sublimes beautés passer dans l'air. On s'est pénétré d'un pur et radieux idéal.

M. Albert Mahaut, organiste aveugle, l'un des derniers et, à coup sûr, des plus brillants élèves de l'auteur des *Béatitudes*, a résolu de faire connaître au grand public tout le répertoire de composition pour l'orgue de son illustre Maître. L'entreprise comportera une suite de séances du plus haut intérêt. Dans la première, M. Mahaut a exécuté en virtuose supérieur quatre des pièces du premier Recueil de Franck. Quatre absolus chefs-d'œuvre, sur lesquels trente ans se sont écoulés sans en ternir l'éclat, sans en amoindrir le charme. On ne sait qu'admirer le plus de la richesse d'invention, de la puissance symphonique, de la grandeur et de la suavité. Il faut dire nettement que, depuis Sébastien Bach, pas un musicien n'a confié à l'instrument sacré des inspirations de cette hauteur. Pensées et développements, tout s'accorde en magnificence poétique, en un style souverain.

Salué par les applaudissements répétés de l'immense public, M. Mahaut a dû redire l'exquise *Pièce en si mineur*, merveille de fraîcheur et de grâce mélodique. C'est justice de déclarer que le virtuose est un artiste accompli. Il a procuré à ses auditeurs des joies supérieures. Ses prochains concerts lui vaudront une légitime renommée. Nul, à l'heure qu'il est, n'en est plus digne.

FOURCAULT.

Extrait de *La Quinzaine* du 16 Juin 1899

Le concert de M. Albert Mahaut a réalisé toutes les espérances qu'on était en droit de concevoir, après la belle tentative de l'année dernière. Cette fois encore le succès du jeune et brillant organiste a été considérable, unanime.

Les quatre pièces d'orgue exécutées par M. Mahaut sont des œuvres d'une grandeur colossale et d'une originalité absolue. Le *Choral en mi*, surtout, témoigne d'une puissance incomparable et d'une richesse d'invention harmonique que nul, parmi les plus grands, n'a dépassée. C'est un chef-d'œuvre qu'on peut comparer aux plus splendides, aux plus audacieux *Chorals* de Bach. M. Mahaut a interprété ces vastes compositions avec une intelligence et un sentiment artistiques dignes des plus grands éloges. On sentait rayonner son âme à travers l'œuvre inspirée de celui qui fut son Maître vénéré. Et c'est parce qu'il se donnait tout entier qu'il a su faire passer en nous le frisson qui le secouait. Comprendre c'est égaler, a-t-on dit. Traduire ainsi de tels chefs-d'œuvre, c'est prouver qu'on les a pénétrés jusqu'en leur intime profondeur.

Arthur COQUARD.

Extrait du *Messager de Valence* du 30 novembre 1903

à propos d'une audition récente

Après les *Béatitudes*, *Rédemption*, *Rébecca*, l'Œuvre d'Orgue enfin sort de l'ombre. Ce fut une rare fortune que d'entendre hier à la cathédrale M. Albert Mahaut. Cet organiste de haute valeur, cet exécutant impeccable, est lui-même un disciple, j'allais dire un héritier de

César Franck. Un souffle de l'âme du Maître a passé dans son âme; on le reconnaît à la superbe puissance du rythme, au fini des nuances, à l'envol ténu et léger des harmonies, au déchaînement fougueux des sonorités de triomphe. A l'égal d'un orateur au verbe de flamme, le musicien nous subjugue et nous entraîne à sa suite vers les sommets de la prière, là où jaillissent des sources de consolation et d'apaisement; avec lui nous éprouvons tour à tour la sérénité de la foi, les angoisses du doute, la joie des certitudes reconquises, les grands espoirs, l'exultation dans la lumière et dans la paix. Ce sont comme autant d'échappées sur l'au-delà, des faisceaux de rayons projetés sur une région de mystère et d'ombre, l'oubli momentané de ce monde de luttes, de rancœurs et de misères, où s'agite et s'enfuit, hélas! notre vie si précaire et si limitée.

Est-ce donc peu de chose que de susciter en nous de pareilles impressions? Et de quelle qualité supérieure n'est donc point le talent révélateur de ces merveilles musicales, d'un si puissant effet, la *Prière en ut dièse mineur*, le *Choral en mi*, la *Pièce héroïque?* M. Albert Mahaut, qui les a si magistralement exécutées, est un interprète fidèle, tout pénétré de la doctrine et des traditions de son Maître; à l'entendre dimanche soir, tel d'entre nous se croyait reporté à dix-huit ans en arrière, à l'église de Sainte-Clotilde de Paris, où l'âme mystique de César Franck, âme de tendresse et de clarté, traduisait en accords ses plus sublimes aspirations, s'épanchait en suavités célestes et en ascensions vers l'Infini.....

Telle est, entr'autres, l'impression que nous laisse le Recital d'orgue entendu dimanche soir. Remercions-en une fois de plus M. Albert Mahaut, qui ne peut que poursuivre avec un succès grandissant son œuvre de vulgarisation, véritable apostolat artistique.

Hector REYNAUD.

ANALYSE DES PIÈCES

qui composent

L'ŒUVRE D'ORGUE

de

César FRANCK

Le premier recueil des pièces d'Orgue de César FRANCK fut écrit entre 1863 et 1865. Il comprend les 6 pièces suivantes :

Fantaisie en Ut

Grande Pièce Symphonique en Fa dièse

Prélude, Fugue et Variation

Pastorale

Prière en Ut dièse mineur

Finale en Si bémol

Le deuxième recueil, daté de 1878, est formé de trois pièces :

Fantaisie en La

Cantabile en Si

Pièce Héroïque

Les trois Chorals, sorte de testament musical du Maître, furent composés l'année même de sa mort, en 1890.

ANALYSE DES PIÈCES DU PREMIER RECUEIL (1)

FANTAISIE en *Ut*,
Op. 16,
à CHAUVET.

A. Poco lento. — Une phrase empreinte d'une grande quiétude donne à la première partie son caractère. Elle encadre un canon auquel se superpose bientôt un motif expressif, puis reparaît avec une intensité plus grande.

B. Allegretto cantando en fa mineur. — Construit sur deux thèmes principaux l'un expressif, l'autre rythmique.

C. Adagio en ut. — Un crescendo très puissant monte à cet adagio. La quiétude exprimée au début et qui domine l'œuvre s'affirme dans une sorte de chant séraphique qui la couronne.

(1) Voir l'article d'Alfred Bruneau, p. 34, comme complément aux analyses des op. 16, 17, 18 et 20.

GRANDE PIÈCE SYMPHONIQUE

en Fa dièse,

Op. 17,

à ALCAN.

A. Andantino serioso. — Introduction en *fa dièse mineur*, construite sur deux thèmes traités sous forme de récitatifs, très amples et très libres, et qui se retrouveront dans les différentes parties de l'œuvre. A ces deux thèmes s'adjoint bientôt un troisième qui se combine avec le premier. Ce nouveau thème, très expressif, se développe, grandit d'intensité, puis s'affaiblit un instant pour éclater rapidement.

B. Allegro non troppo e maestoso. — Le thème capital de la pièce, très caractérisé, d'abord exposé à la pédale, est développé à fond une première fois. Interrompu par une phrase épisodique en *la* et par le retour du second thème de l'introduction, il reparaît amplifié sous un dessin persistant de triolets et prend fin au retour de la même phrase épisodique transformée en *fa dièse mineur*, suivie de nouveau du deuxième thème de l'introduction.

C. Andante en si. — Contraste par sa physionomie sereine avec les deux premières parties.

D. Allegretto. — Andante. — Poco lento. — Un épisode en *si mineur* d'allure animée, le rappel de l'andante en *si majeur*, puis successivement tous les motifs de la Pièce symphonique ramènent définitivement en *fa dièse majeur* le thème capital.

E. — Ce thème, avec un nouveau caractère de grandeur, se transforme, s'élargit, s'éclaire et enfin, dans la fugue et le choral final, s'affirme dans une sérénité énergique et triomphante.

PRÉLUDE, FUGUE ET VARIATION,

Op. 18,

à C. SAINT-SAENS.

A. Andantino. — *Cantabile* (Prélude).

B. Lento (Fugue).

C. Andantino (Variation).

PASTORALE,

Op. 19,

à CAVALIÉ COLL.

A. Andantino. — Deux motifs : le premier caractérise plus spécialement la physionomie pastorale ; l'autre, plus mélodique, sinon plus expressif ; ils se répondent avec une insistance croissante.

B. Quasi allegretto en la mineur. — Nouveau motif très pittoresque et très incisif ; en passant par différentes tonalités, il encadre une partie fuguée.

C. Retour de l'andantino. — Avec cette différence que les deux motifs initiaux au lieu d'alterner se combinent.

La pièce s'achève, comme elle débute, sur le motif de la Pastorale.

PRIÈRE en *Ut dièse mineur*, Op. 20, à BENOIT.

A. (1) Le thème initial de la Prière, d'un caractère grave et pénétrant, est d'abord largement exposé.

B. Apparition de deux motifs rythmiques; le premier très court, d'une importance considérable dans le développement de l'œuvre, est indiqué par l'entrée de la pédale; il est traité symphoniquement et se combine avec un dessin expressif. Puis succède le deuxième motif; exposé à la partie supérieure, il se distingue par son rythme en valeurs triolets, se développe en montant de degré en degré, passe aux parties intermédiaires sur l'accord de tonique d'*ut dièse mineur* et conduit à une chute sur l'accord de neuvième de dominante de *sol dièse*.

(1) N. B. — Dans la *Prière*, qui se tient d'une seule pièce, les lettres n'indiquent que des subdivisions ; tandis que dans les autres œuvres elles se rapportent à de grandes divisions symphoniques.

C. Cette chute ouvre un remarquable épisode. Le nouveau thème, essentiellement mélodique, d'abord alterné entre la partie supérieure et la pédale, se soutiendra longtemps d'une seule haleine sur un dessin de triolets continus et sur une harmonie riche et ferme.

D. Combinaison du premier motif rythmique avec un fragment du thème épisodique.

E. Rappels successifs des premières mesures du thème initial alterné avec le deuxième motif rythmique.

F. Après une phrase en unisson, d'un rythme très caractérisé, le thème initial s'affirme, s'amplifie cette fois avec un sentiment intense, s'épanouit un moment en majeur comme une lumineuse espérance.

G. Retour à la basse du premier motif rythmique, comme une nouvelle plainte.

Il persiste sur l'entrée en *ut dièse* du thème épisodique, qui reviendra dans toute son étendue. Puis il passe à la partie supérieure, monte en crescendo tandis que le thème épisodique continue dans les parties intérieures. Le tout mélangé à un rythme agité en triolets. Puis il disparaît et laisse planer les dernières mesures du thème sur l'harmonie déjà entendue, mais plus ample et modifiée dans les dessins des parties intermédiaires.

H. Le thème initial reprend tout l'intérêt. Il est sombre d'abord, prend un éclair de sérénité, puis s'assombrit de nouveau, se voile de plus en plus et expire dans un mystérieux pianissimo.

FINALE en *Si bémol*,
Op. 21,
à LEFÉBURE.

Allegro maestoso. — Cette pièce n'exprime, à vrai dire, qu'un même sentiment d'assurance tranquille et triomphante.

Elle se compose essentiellement de trois motifs : le premier, qui est le plus important, affirmé au début par la pédale seule, forme toute l'exposition magistrale, énergique.

Le second, qui suit immédiatement, d'allure combattive, d'un rythme très caractérisé.

Le troisième, qui n'apparaît que plus tard, en *fa dièse*, de physionomie lyrique.

Ces motifs se mêlent, se pénètrent, s'amplifient en se combinant et s'exaltent avec éclat dans une conclusion très épanouie.

ANALYSE DES PIÈCES DU DEUXIÈME RECUEIL

FANTAISIE en *La*.

A. *Andantino*. — Expositions successives du thème, dans un large unisson, avec alternances de réponses rêveuses.

B. Phrase très expressive en *la mineur*, dérivée du thème ; elle monte en crescendo puis s'éteint.

C. Episode ; motif *syncopé* d'allure fantaisiste, mais toujours mélodique.

D. Retour du thème en *ut dièse* ; court récitatif ; réponse aux voix humaines.

E. Reprise en *mi* de la lettre D, à laquelle s'ajoute un nouveau récitatif plus développé.

F. Ensemble composé du thème transformé diversement, grandissant d'intensité en mesure à quatre temps et diminuant en mesure à trois temps. Un fragment de l'épisode en *sol mineur* termine en pianissimo.

G. Une dernière transition ramène le thème en *la* aux pédales avec une nouvelle ampleur, tandis qu'à la partie supérieure apparait un motif qui rappelle l'épisode ; puis, renversement des deux motifs : le thème en haut et le motif épisodique aux pédales.

H. Retour de la phrase B, d'abord vibrante, puis décroissante.

I. Retour de l'épisode (phrase C) avec quelques transformations et de nouvelles harmonies.

J. Court récitatif ramenant en *la mineur* le motif des voix humaines, qui expire graduellement.

CANTABILE en *Si*.

Cette pièce, empreinte d'une émotion profonde et saisissante, ne réclame aucune analyse ; il suffit de l'écouter pour entendre chanter l'âme du Maître.

PIÈCE HÉROIQUE.

Deux thèmes, l'un mineur, d'une physionomie fière, l'autre majeur, très pénétrant et plein de sérénité, forment les éléments de l'œuvre.

ANALYSE DES TROIS CHORALS

CHORAL 1, en *Mi*.

A. *Moderato*. — Un motif pénétrant tantôt calme, tantôt inquiet, se prolonge, plusieurs fois suspendu en forme d'interrogation.

B. Thème du choral (voix humaines) qui apparaît d'abord très simple, comme une réponse paisible, tendre et convaincue.

C. Retour du motif A sous une forme mélodiquement plus ouvragée, avec les mêmes harmonies, encore inquiet et troublé par instant, quoique éclairci, se résolvant dans une nouvelle interrogation.

D. Réponse du choral, toujours calme, tendre et persuasif.

E. Des harmonies puissantes et larges expriment brièvement à deux reprises la certitude lumineuse, obscurcie par des retours d'inquiétude.

F. Sorte de rêverie, en *mi mineur*, puis intervention de divers fragments du motif A, qui lui impriment un accent persistant de prière pressante et presque douloureuse.

G. Revenant alors une première fois à la partie intermédiaire en *sol mineur* et une seconde fois à la partie supérieure en *si bémol mineur*, le thème du choral s'unit au motif de la rêverie chercheuse et semble la guider.

H. Le motif A reparaît, avec une physionomie nouvelle, de plus en plus lumineux et affirmatif, jusqu'au retour dominateur du choral qui conclut triomphalement.

CHORAL 2, en *Si mineur*,
à Auguste DURAND.

A. *Maestoso*. — Le thème principal est exposé à plusieurs reprises, soit en *si mineur*, soit en *mi mineur*, d'abord à la pédale, scandé par quelques sobres accords, ensuite alternativement à la partie supérieure et à la pédale, soutenu par des harmonies pénétrantes dont l'intensité s'accroît en intérêt et en force.

B. *Cantabile*. — Ici intervient une phrase extrêmement expressive, de nouveau en *si mineur*, qui prend la physionomie d'une prière et comme d'une interrogation. Un dessin fantaisiste est encore loin d'y satisfaire. La question semble reprendre et le rappel du dessin amène, avec les voix humaines, des accents de tendresse puis de certitude.

C. *Largamente con fantasia*. — Une transition en forme de récitatif dialogué, d'une sonorité puissante, puis adoucie, semble une nouvelle interrogation plus incisive que la première.

D. *Tempo primo ma un poco meno lento.* — Le retour du choral en style nettement fugué prépare une nouvelle réponse.

E. Elle est présentée dans l'union intime et saisissante du motif du choral exposé à la pédale et de la phrase B, dont les harmonies propres s'en trouvent encore enrichies, une première fois en *mi bémol mineur* et une seconde fois avec un redoublement d'intensité en *fa dièse mineur*.

F. Une nouvelle transition élève l'auditeur jusqu'à l'affirmation résolue exprimée par le motif du choral reparaissant une dernière fois avant le retour des voix humaines qui chantent une sorte d'acquiescement.

CHORAL 3, en *La mineur*,

à Augusta HOLMÈS.

A. *Quasi allegro.* — Dessin rapide, nerveux, sorte d'appel interrompu par des repos, que soulignent des harmonies d'une expression de plus en plus pressante.

B. Le thème du choral, très austère et très pénétrant, est exposé tout entier ; il alterne ensuite avec le dessin du début qui perd de son intensité, d'abord en *mi mineur*, puis de nouveau en *la mineur*, tandis que celui du choral, au contraire, prend de plus en plus d'accent.

C. *Adagio en la majeur.* — Nouveau motif très expressif et très fantaisiste, développé avec une certaine ampleur ; il ramène en majeur le choral, qui s'éclaire d'harmonies plus sereines, se combine avec le motif de l'adagio et s'épanouit avec un grand éclat.

D. Dernier retour du dessin primitif,

d'un mouvement vif et décidé; il commence piano en *ut*, module, s'élève de demi-ton en demi-ton, rappelle par deux fois les premières mesures du choral, puis enfle brusquement jusqu'à l'explosion du thème du choral auquel il s'unit en l'animant.

Imprimerie Caennaise, 16, rue Froide, Caen. — Tél. 0.30

DU MÊME AUTEUR

Le Chrétien homme d'action. Édition de Librairie, 4 francs, chez PERRIN, 35, quai des Grands-Augustins, Paris.

Édition Populaire, 1 franc. Librairie Notre-Dame du Roc, 53, rue Thiers, Marseille.

www.ingramcontent.com/pod-product-compliance
Ingram Content Group UK Ltd.
Pitfield, Milton Keynes, MK11 3LW, UK
UKHW022136260726
13993UKWH00003B/1471

9 782329 178363